eビジネス新書

No.364

週刊東洋経済

YouTubeの極意

週刊東洋経済 eビジネス新書 No.364

YouTubeの極意

本書は、東洋経済新報社刊『週刊東洋経済』2020年11月14日号より抜粋、加筆修正のうえ制作しています。情報は底本編集当時のものです。(標準読了時間 90分)

YouTubeの極意　目次

世界最大のメディアに変貌

急成長する20億人経済圏

月間ユーザー数20億人、1日当たりの視聴は10億時間、投稿動画の量は毎分500時間。膨大な数のユーザーと動画を抱え、今やメディアとして世界最大の規模を誇るのが、米グーグル傘下の動画共有プラットフォーム「YouTube（ユーチューブ）」だ。

ユーチューブは2005年、米決済大手ペイパルの出身者3人が共同で創業。徐々に存在が知れ渡るにつれ、テレビ番組やミュージックビデオなどの動画が投稿されるようになった。日本のテレビドラマやバラエティー番組なども多数投稿され、06年には日本国内の利用者が200万人を超えた。

そして2006年11月、自社の動画サービスが伸び悩んでいたグーグルが約

16億ドル（当時のレートで約2000億円）で買収した。投稿動画の著作権侵害を訴えたメディアやレコード会社とはライセンス契約を締結。グーグルの広告事業と一体となって広告主を開拓し、ネットの動画広告の成長を牽引した。

さらに、2007年には動画の再生回数などに応じて投稿者が広告収入を得られる「パートナープログラム」を開始。動画投稿で稼ぐ「ユーチューバー」が登場するなど、まさに社会現象になった。

誰もが無料で投稿できるからこそ、ユーチューブはありとあらゆる動画コンテンツで埋め尽くされている。テレビと違いチャンネル数や放送時間に制限はなく、限られた関係者だけがコンテンツの制作権を握っているわけでもない。

メイクアップの方法を紹介したり、ゲームをする様子を実況したりする動画はユーチューブから広まった。英会話やフィットネス、料理などを動画で学んだり、たわいもないトークを聴いたりと、ユーザーがユーチューブを見る動機も多様だ。しかもそうした動画を投稿する人の多くは、もともとテレビ業界で言うところの〝素人〟だ。

ユーチューブの視聴動向を見ると、アーティストやバンドのライブ映像やミュージックビデオを見る人がサービス開始当初から多い。ただ最近は、それに次いでユーチューバーの投稿動画が人気視聴ジャンルになっている。

動画数と比例して、企業が広告を出稿する枠も増える。グーグルの親会社アルファベットが20年2月に初開示したユーチューブの広告収入は、19年の1年間で151億ドル(約1兆5800億円)。グーグルの検索広告と比較するとまだ小さいが、成長率は年30%を超えている。

一方、誰もが投稿できるゆえの課題も多い。17年にはテロリズムやヘイトスピーチを助長する動画に自社の広告が表示されていたことを受け、米国の大手広告主が一斉に出稿を停止する事態に発展した。「運用型」と呼ばれるネット広告では視聴者単位でターゲティングが行われるため、広告主の知らない間に広告が不適切な動画に表示される現象が発生したのだ。

ユーチューブ側はコンテンツや投稿者の収益化に関する規約の改定のほか、規約違反動画の削除や拡散防止のためのシステム、人力のチェック体制の強化に追われた。

グーグルの売上高 YouTube広告の比率は拡大

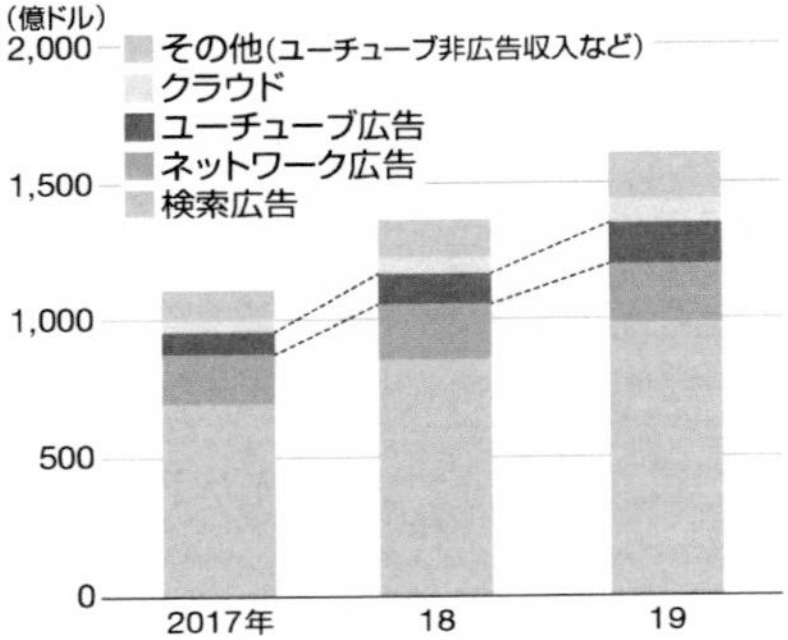
(億ドル)
2,000
1,500
1,000
500
0
その他(ユーチューブ非広告収入など)
クラウド
ユーチューブ広告
ネットワーク広告
検索広告
2017年
18
19

(出所)グーグルの持ち株会社アルファベットの決算資料

YouTubeチャンネルの裾野が急拡大
―登録者10万人・100万人以上の国内チャンネル数―

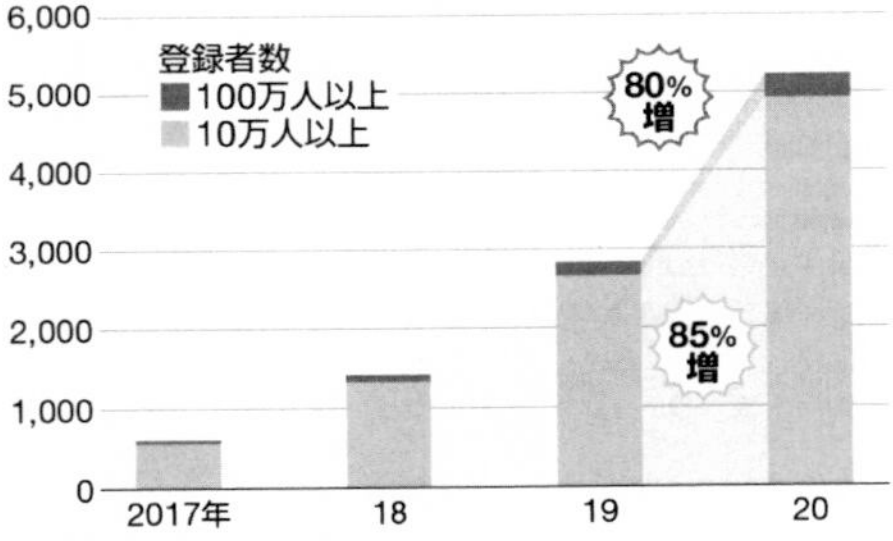
6,000
5,000
4,000
3,000
2,000
1,000
0
登録者数
100万人以上
10万人以上
80%増
85%増
2017年
18
19
20

(注)各年10月時点の数値
(出所)BitStar「Influencer Power Ranking (IPR)」

歩み　著作権や動画の安全性などの問題が時に噴出

2005年	米決済大手ペイパルの同僚だったチャド・ハーリー氏、スティーブ・チェン氏、ジョード・カリム氏の3人がユーチューブを創業
2006	**日本国内での利用者が200万人を超える**が、テレビ局や音楽レーベルなどが著作権侵害だと訴え紛糾 **グーグルが約16億ドルで買収**
2007	iPhone発表とほぼ同時にモバイル版を開始 動画投稿者に広告収益を分配する「パートナープログラム」を開始
2008	JASRACと音楽著作権に関する包括契約を締結
2009	1日当たりの再生回数が10億回を突破
2010	創業者のハーリー氏がCEOを退任 スキップ可能な動画広告「トゥルービュー」を開始
2011	ライブ配信機能を開始 中東の政治運動「アラブの春」で情報の拡散に活用される
2013	ユーチューバー事務所として日本最大手の**UUUM（ウーム）が創業** 月間視聴者数が10億人を突破
2014	ユーチューブ買収を指揮した、スーザン・ウォジスキ氏がCEOに就任（現任）
2015	**有料サービス「ユーチューブレッド（現ユーチューブプレミアム）」**を開始（日本では2018年開始）
2017	問題のある動画と一緒に広告が配信される可能性があるとして、**世界の大手企業が広告出稿を一時停止** ライブ配信での投げ銭機能「スーパーチャット」を開始 米国の著名ユーチューバーが富士山麓の樹海で人の自殺現場を撮影・投稿し大きな問題に ユーチューブ本社で銃乱射事件が発生
2018	音楽配信サービス「ユーチューブミュージック」を開始
2020	日本ではコロナ禍で著名人が続々チャンネルを開設

収益源の多様化に注力

「動画クリエーターを増やすうえで最も重要なのは、彼らの収入源を増やすことだ」。ユーチューブ本社のナンバー2、最高ビジネス責任者を務めるロバート・キンセル氏はそう話す。投稿者の収益を伸ばすことは、自社の収益成長にもつながる。同社は広告以外のビジネスモデルも拡大させている。

その1つが、サブスクリプション。2015年に米国から開始した「ユーチューブプレミアム」（月額1180円〜）は、広告表示がなく、動画のオフライン再生も可能な有料サービスだ。これは18年に始まった音楽ストリーミングサービス「ユーチューブミュージック」（単独では月額980円〜）も含む。有料会員数は世界で3000万人に達する。有料会員の動画再生時間に応じて投稿者に収益が分配されるほか、曲の再生回数に応じレコード会社にも還元する。

もう1つは、「ユーチューバーの収入源」として提供するサービス。まずライブ配信をしている配信者に、チャット内で視聴者が投げ銭（応援金を提供すること）できる

「スーパーチャット」がある。17年に国内外で提供が始まったもので、世界中の10万以上のチャンネルで使われている。18年には、チャンネルの登録者が月額料金を支払えば限定動画などの特典を受けられる「チャンネルメンバーシップ」も始まった。スーパーチャットやチャンネルメンバーシップでは、ユーチューブが収益の約3割を手数料として徴収する。

米国などで2年前に導入され、日本でも20年9月から始まったのが、グッズ販売機能だ。ユーチューバーが制作したアパレルなどのグッズ一覧を表示するもので、商品をクリックすると通販サイトの購入画面に移る。

3つのビジネス YouTubeの収益源

1 広告

ユーチューブの最大の収益源。世界的大企業から中小企業まで幅広い業界・業種が世界20億人のユーザーに向けて広告を出稿。多種多様な広告商品やターゲティング手法をそろえる。動画のクリエーターと収益を分配

2 サブスクリプション

広告なし、動画のダウンロードが可能な有料サービス「**ユーチューブプレミアム**」（月額1180円〜、音楽含む）や音楽ストリーミング「**ユーチューブミュージック**」（月額980円〜、右画像）が主。米国では「ユーチューブTV」というテレビ放送のネット同時配信サービスも展開。課金収入もクリエーターと分配

3 サービス手数料

クリエーターの収益化手段として提供する「**スーパーチャット**」（投げ銭機能、右画像）、「**チャンネルメンバーシップ**」（チャンネルごとの課金機能）やグッズ販売機能などからの手数料収入が主。米国では音楽アーティスト向けに提供するチケット販売機能も展開

画像：Google

日本はトップ5の市場

日本でもユーチューブの勢いは止まらない。同社で最高製品責任者を務めるニール・モーハン氏は19年の東洋経済の取材で、「日本はグローバルでもトップ5に入る市場だ」と明言。ユーチューバー事務所大手ビットスター（BitStar）の調査によれば、国内で10万人以上、100万人以上の登録者を抱えるチャンネルの数は、前年比8割増と急拡大が続いている。

人気ユーチューバーだけでなく芸能人の活躍も目立つ。19年はジャニーズ事務所の人気グループ「嵐」がチャンネルを開設し、20年はコロナ禍で活動を制限された芸能人の進出が相次いだ。ユーチューブの仲條亮子・日本代表は、「(芸能人や歌手などから）ユーチューブ活用の戦略について相談を受けることが増えた」と話す。

ユーチューバーと視聴者との関係性が強いのも日本の特徴。スーパーチャットの収益における世界トップ10のうち、7つが日本のチャンネルだ。20年3月には、ゲーム実況や音楽活動を行うユーチューバーユニット「M.S.S Project」が1度のライブ配信で1・2億円の投げ銭を集めた。

人気動画が増えれば、広告収入も増える。ユーチューブは戦略的に動画投稿を増やす取り組みを行う。社内には「音楽」(レコード会社やアーティスト)、「コンテンツパートナー」(メディアやエンターテインメント企業)、「クリエーター」(ユーチューバー)の3つの区分で、ユーチューブ活用を支援する専門人材をそろえる。

今後の成長を左右するのが、裾野が広いクリエーターの支援だ。誰でも見られるオンライン教材を提供するほか、一定数以上のチャンネル登録者がいれば専属の担当者をつけたり、選抜過程を経て限定の講座に招待したりする。

こうした支援の拠点が、直営の撮影スタジオ「ユーチューブスペース」だ。チャンネル登録者数が1万人以上であれば利用可能。従来はグーグルのオフィス内にあったが、渋谷のグーグル日本法人社屋近くにビル1棟を建設中だ。20年夏に予定されていた開業はコロナ禍の影響で延期されたが、大規模投資であることは間違いない。

日本でも世界でも、「世界最大の動画経済圏」の成長はとどまるところを知らない。

(中川雅博)

「YouTubeはテレビと真逆の革命を起こした」

ユーチューブ　最高ビジネス責任者・ロバート・キンセル

20億人を引きつける理由はどこにあるのか。ユーチューブ本社のナンバー2でコンテンツ関連を担当する最高ビジネス責任者のロバート・キンセル氏に話を聞いた。

――ユーチューブがここまで成長した理由は何でしょうか。

ユーチューブという名前の由来は、世界中で「あなた（You）」が「ブラウン管（Tube）」に何でも投稿できる、開かれた場だということ。これまでに類を見ない量のコンテンツがあれば、視聴者を引きつける。放送枠が限られ、少ないコンテンツでできるだけ多くの人に訴求しなければならないテレビ局とは真逆のモデルだ。投稿者と視聴者が増えれば、広告主も集まってくる。

――クリエーター（ユーチューバー）の拡大戦略をどのように実行してきたのですか。

重要なのはクリエーターの収入で、広告が大きい。日本の広告ビジネスは目覚ましい実績を上げており、クリエーターの裾野を広げた。収益の多様化にも注力する。「スーパーチャット」などを使えば、彼らのブランド力で収入を増やせる。コロナ禍でとくに加速した。

もう1つがクリエーターの名を売り込むキャンペーンだ。アイコン的存在が生まれれば、若い人たちが自分も始めてみようとする。加えて、大小さまざまなメディア企業やレコード会社、芸能事務所との提携で規模を広げている。日本でもUUUM（ウーム）やジャニーズ事務所などが顕著な例だ。

――収益多様化の施策として、クリエーターが紹介した商品にタグを付けてその場で買えるような仕組みも実験的に始めています。

アジアではいち早く広がったが、商品紹介の動画で需要を喚起する「ソーシャルコマース」は巨大な商機だ。例えばソニーの一眼レフカメラを紹介する動画を見ている最中に、タグをクリックして購入できれば消費者の買い物は簡単になる。初期の実験段階ではあるが、（商品紹介動画などの）クリエーターは重要な役割を担うはずだ。

――広告主の態度はどのように変化してきましたか。

総再生時間・回数に占める割合は、50%がクリエーター、25%が音楽アーティスト、25%がメディア企業の動画だ。クリエーターそのものが次世代メディアであり、ユーチューブのユニークさを際立たせている。クリエーターに対し広告主は、自社ブランドとのタイアップや、スポンサーシップ（独占的な広告出稿）を増やした。

視聴者に人気の高い上位5%のチャンネルだけに広告を出稿できる仕組みがあるが、大半はクリエーターのチャンネルだ。テレビでいうゴールデンタイムであり、出稿する広告主もクリエーターの力を認めている。これはユーチューブの大きな転換点になった。

（聞き手・中川雅博）

ロバート・キンセル（Robert Kyncl）

共産主義体制下のチェコスロバキアで生まれ育つ。米国に移住し経営学修士を取得後、米ケーブルテレビ放送大手ＨＢＯや米動画配信サービス大手ネットフリックスを経て、２０１０年から現職。

ユーチューバーの稼ぎ方

「小中学生が憧れる職業」として定着した感のあるユーチューバー。トップ層のHIKAKIN（ヒカキン）、はじめしゃちょー などは800万人超のチャンネル登録者数を誇り、テレビやラジオ、ツイッターなどあらゆるメディアで影響力を持つ。

ユーチューバーの人気度を示すチャンネル登録者数や動画再生回数を見ても、そうした大物の圧倒的強さを感じる。前述の2人に加え、フィッシャーズや東海オンエアのチャンネルも10~20代の若年層の支持が厚い。この4組は、ユーチューバー事務所最大手・UUUM（ウーム）に所属する。

そのほかの上位組は、小学生や幼児向けのチャンネルだ。日本唯一の1000万人超えで登録者数トップに立つのが「キッズライン」。出演する子どもたちが市販のおもちゃなどで遊ぶ様子を動画にしたものだ。登録者数3位の「せんももあいしーCh」、再生回数6位の「ToyKids」なども類似の作り・ターゲット設定で、仕事や家事に手を取られている間に親が子どもに見せる、といった視聴習慣の定着がうかがえる。

広告収入を上げるコツ

競争を勝ち抜いてトップユーチューバーになれば〝億超え〟の年収は当たり前。中には1年で数十億円を稼ぎ出す人もいる。

彼らの稼ぎの源泉は、ユーチューブ内で展開する2形態の広告。動画再生時にテレビCMのように流される「アドセンス」と、企業などから依頼を受けて動画を制作・配信する「タイアップ」だ。

ある程度の知名度がなければ発注してもらえないタイアップに比べると、アドセンスは多少ハードルが低い。米グーグルの資料には、「直近12カ月の動画の総再生時間が4000時間以上」「チャンネル登録者数が1000人以上」などの条件をクリアすれば自身の動画の収益化（広告の表示）を申請できる、とある。広告が流れれば、動画が再生されるたびにいくばくかの収入が発生する。

では、具体的にいくら入るのか。アドセンスでの収入は「広告閲覧回数 × 広告単価」で計算され、一般的には1再生0・1円程度とされる。ただ、チャンネルや動画によって単価は大きく変わる。例えば、一部のトップユーチューバーの動画広告枠は予約型で販売されており、通常よりも単価が高い。

動画がどれだけ長い時間視聴されているかを表す「視聴維持率」も重要な指標だ。アドセンスの場合、視聴者が動画内で広告を見た回数が増えれば、1動画当たりの広告単価も上がる。ユーチューブでは8分以上の動画を配信すると、広告を入れる位置・回数を配信者側で自由に決められる。あまりに頻繁に広告が流れると視聴者も冷めてしまうが、場面転換時などに効果的に入れていくことで動画当たりの広告収入を高められる。

つまり、動画再生回数が多くても視聴者にすぐ離脱され広告閲覧回数が少なければ、広告単価は低くなってしまう。逆に、再生回数がそこまで多くなくても視聴時間が長く視聴者が多く広告に触れるなら、単価は上がる。ファンを引きつけ、長時間の動画でも飽きさせることのないユーチューバーは、1再生当たりの広告単価が1円を超える場合もあるという。

投げ銭や会員化で課金

料理系動画を手がけ、チャンネル登録者数100万人超を抱えるユーチューバーのAさんは、アドセンスとタイアップを駆使する典型例だ。両広告で年商8500万円（事務所などに支払う手数料を差し引く前の額）を稼ぎ出す。そのほかの売り上げも足すと、年商は1億円以上だ。

「登録者が100万人を超えてくると広告収入の額が目に見えて大きくなり、収入全体に占める割合も高くなる」。あるユーチューバー事務所の関係者はそう語る。

ユーチューブには広告収入以外にも視聴者から直接収益を得る仕組みが続々と登場

している。その1つが「スーパーチャット（スパチャ）」だ。これはライブ配信を行う配信者に対し視聴者が感動や感謝、応援の意を込めて「投げ銭」、つまりお金を送ることができる機能。スパチャでは100円から5万円まで、視聴者側が好きな金額を1円単位で設定できる。

これに加え、ユーチューブは「チャンネルメンバーシップ」という月額課金型の会員サービスも備える。視聴者は好きなユーチューバーのチャンネルメンバー（会員）になることで、会員限定のライブ配信や動画、撮影の裏側などを視聴することができる。いわば、ユーチューブ内に開設するファンクラブだ。月額課金型であるため、会員数を積み上げられれば、視聴数や案件の有無に左右される広告と違い安定的な収入を得やすい。

ユーチューブ内の機能や配信活動で得る収益に加え、近年はネット通販（EC）やブランドプロデュース、イベントなど、ユーチューブ外で稼ぐ道も開けてきた。ユーチューバー事務所・GROVE（グローブ）の北島惇起社長は、こうした広告以外のマネタイズ手段を適切に使い分けることで「（ファッションなど）領域特化型で8万〜

10万人しか登録者がいないユーチューバーでも、平均的な30歳会社員くらいの年収は軽く稼げるという感覚」と話す。

その収益源の1つとなっているのが、自身が企画したブランドや商品の販売だ。チャンネル登録者数420万人を抱える人気ユーチューバー・ヒカルは自身のブランドでファッション通販サイト「ロコンド」と、スニーカー等のコラボ商品を展開。発売から1週間で6億円を売り上げた事例もある。

ベンチャー業界などでも注目されているD2C（ダイレクト・トゥ・コンシューマー＝流通業者を通さず消費者に商品を直販する手法）は、さらに多くのユーチューバーに商機をもたらしている。

▶▶ Aさんの場合

ジャンル ▶ 料理系
年齢 ▶ 20代　性別 ▶ 男性
ユーチューブ歴 ▶ 2年
登録者数 ▶
100万～120万人

年商 ¥1億0650万

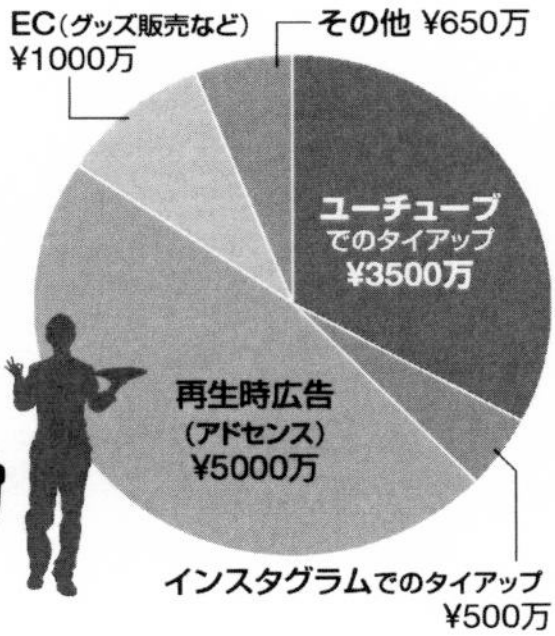
EC（グッズ販売など）
¥1000万
その他 ¥650万
ユーチューブ
でのタイアップ
¥3500万
再生時広告
（アドセンス）
¥5000万
インスタグラムでのタイアップ
¥500万

▶▶ Bさんの場合

ジャンル ▶
ファッション、美容系
年齢 ▶ 20代　性別 ▶ 女性
ユーチューブ歴 ▶ 3年
登録者数 ▶ 10万～20万人

年商 ¥3860万

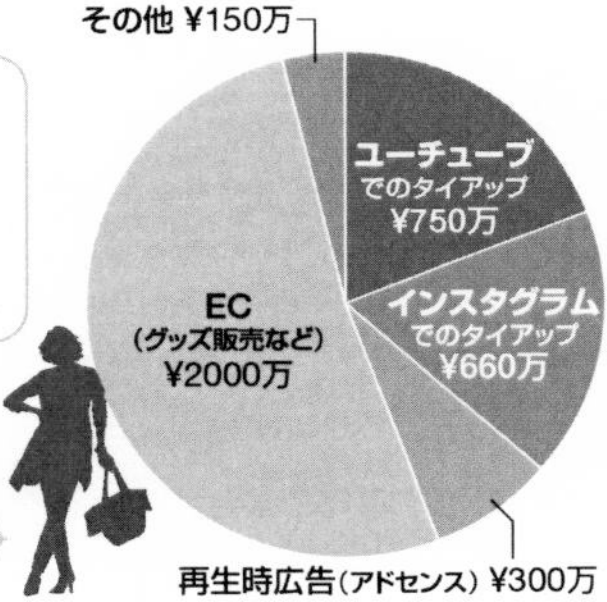
その他 ¥150万
ユーチューブ
でのタイアップ
¥750万
インスタグラム
でのタイアップ
¥660万
EC
（グッズ販売など）
¥2000万
再生時広告（アドセンス） ¥300万

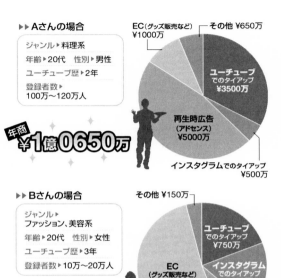

大人視聴者が収入源に

先の図のBさんは衣料品や美容などのハウツー動画を配信するユーチューバー。チャンネル登録者数が10万人台のため、タイアップやアドセンスは比較的規模が小さい。ただ、自身がプロデュースするブランドの洋服などをECで販売しており、年商の半分以上を占める2000万円を稼いでいる。

Bさんのように E C に活路を見いだすユーチューバーは増加傾向にある。ロゴ入りTシャツ、キーホルダーのような単純なグッズだけではなく、自身の専門性やセンスを生かした、機能性、ファッション性の高い商品を展開するケースが目立ってきている。

「質がいい商品なら、いずれはファンでない人も購入してくれるようになる。ユーチューバー発であることを意識されず、1つのブランドとして人気が定着するケースも出ている」。前出の事務所・グローブの親会社で、D2C支援事業を運営するエニーマインドグループ（AnyMind Group）の十河宏輔CEOはそう話す。

こうした展開が可能になった背景には、大がかりな設備やそれをそろえる資金がなくとも小ロットから商品生産・販売を行える仕組みが増えてきたこともある。

エニーマインドはD2Cについて、ブランド立ち上げに必要な商品企画・製造、サイト構築、マーケティング、物流などを一気通貫で支援するサービスを構築している。アジア各国に拠点を持つ強みを生かし、現地工場と連携。こうしたサービスを用いれば、サプライチェーンをイチから構築する必要がないため、ユーチューバーのD2C進出が容易になっているというわけだ。エニーマインドは現在10ブランドの支援を手がけるが、21年末までに100ブランド以上の取り扱いを目指す。

広告以外の稼ぎ口が広がったもう1つの理由は、視聴者側にある。可処分所得の多い社会人に視聴者層が広がってきたことだ。

小中学生のような子どもたちは動画の無料視聴がユーチューバーとの唯一の接点になりがちだが、大人は違う。応援するユーチューバーや気に入った商品があれば、自らお金をつぎ込むことができる。

大人への視聴者層の広がりに呼応する形で、明確に大人向けを想定するチャンネルも増えてきた。

「今日も勉強になりました！」。こんなコメントが視聴者から届くのは、株式投資に関する動画を配信する「Ｚｅｐｐｙ投資ちゃんねる」だ。元芸人で株式投資によって1億円以上を稼ぎ出した〝億り人〟でもある井村俊哉氏を中心に、投資家の参考になる情報を届ける。銘柄選びのコツや人気投資家とのコラボ企画などが人気だ。ニッチな題材で専門用語が飛び交う動画も多いが、開始から1年半、チャンネル登録者数は10万人を突破。井村氏は「うちの視聴者は35～44歳の層が最も多い」と言う。

投資関連情報以外にも、仕事や資産形成に役立つユーチューブチャンネルは増えている。最近では税理士や弁護士といった士業ユーチューバーも登場しており、確定申告の方法など、ニッチながら情報を求めている人が確実にいる領域を攻めたものが目立つ。

ＵＵＵＭは、大人の男性の代表的な趣味であるゴルフを題材に「ＵＵＵＭ ＧＯＬＦ」チャンネルを運営。プロゴルファーによる解説が充実しており、人気動画は200万再生にも達する。

UUUM所属者が多い

人気ユーチューバーランキング

累計チャンネル登録者数

順位	チャンネル名	登録者数
1位	キッズライン ♡Kids Line	1200万人
2位	はじめしゃちょー（hajime）	896万人
3位	せんももあいしーCh Sen, Momo, Ai & Shii	880万人
4位	HikakinTV	871万人
5位	Fischer's ―フィッシャーズ―	652万人
6位	東海オンエア	555万人
7位	米津玄師	554万人
8位	Yuka Kinoshita 木下ゆうか	549万人
9位	avex	545万人
10位	SUSHI RAMEN【Riku】	524万人

2020年動画再生回数

順位	チャンネル名	再生回数
1位	Fischer's ―フィッシャーズ―	21億0165万回
2位	RRcherrypie	18億9812万回
3位	東海オンエア	18億8058万回
4位	キッズライン ♡Kids Line	13億9089万回
5位	HIMAWARIちゃんねる	12億8343万回
6位	Toy Kids★トイキッズ	10億4835万回
7位	Kan & Aki's CHANNEL かんあきチャンネル	10億2445万回
8位	HikakinTV	10億1295万回
9位	Kids Labo TV	10億1063万回
10位	Boram Tube Play	10億0487万回

（注）チャンネル登録者数および動画再生回数は、10月21日時点。赤字はUUUM所属
（出所）BitStar「Influencer Power Ranking（IPR）」

芸能人参戦でプロ市場に

もはや全世代向けメディアと化したユーチューブ。当然、従来型マスメディアであるテレビ関係者も、この市場に着目し熱を上げる。

芸能人ユーチューバーも劇的に増えた。代表的存在は、吉本興業所属のお笑いコンビ・キングコングの梶原雄太。2018年に開設された梶原氏が運営する「カジサック」チャンネルの登録者数は200万人に達する。

ユーチューバー事務所ビットスターの渡邉拓社長は「芸能人の進出は20年、コロナ禍でいっそう加速した。ユーチューブは個人の表現の場から急激にプロ化している」と語る。

直近では、同じくお笑いコンビ・とんねるずの石橋貴明ら大御所芸能人も参入。あるユーチューバー事務所幹部は「芸能事務所や制作会社からひっきりなしに相談が来る」と明かす。

UUUMの鎌田和樹社長は「ユーチューブチャンネルを持つことは名刺を持つのと

同じだ」と語る。ユーチューブの動画を名刺代わりに、次に何に挑戦するか。それこそがユーチューバーの真の稼ぐ力になりつつある。

（井上昌也）

任天堂ゲームも人気タイトルに

過熱するゲーム実況

ゲームをプレーしている様子をライブ配信するゲーム実況が、長引くコロナ禍を追い風に盛り上がりを見せている。

ゲーム実況サービスの世界最大手は、米アマゾンが2014年に買収したTwitch（ツイッチ）。ゲームのライブ配信チャンネルを持つユーチューブは2番手だ。ただ日本国内では、ユーチューブが視聴時間の過半を占める。もともと「ニコニコ生放送」などでゲーム実況をしていた人が、ユーチューブに活動の場を移した例も多い。配信者は「ストリーマー」と呼ばれ、人気チャンネルなら十数万人が同時に視聴することも珍しくない。

その人気に拍車をかけるのが、コロナ禍による在宅時間の増加だ。ゲーム分野のデータ分析を手がける配信技術研究所のデータベース「Giken Access」によると、2020年5月の連休中、ゲーム配信の合計視聴時間は2月の2倍に増えた。緊急事態宣言が解除されて久しい2020年9月末時点でも勢いは衰えていない。

ゲーム実況の醍醐味は、ストリーマーが独自の趣向を凝らした動画を視聴できる点にある。配信を通じて、まるで自分がゲームをプレーしているかのような感覚を味わえる。ユーチューブの「スーパーチャット」という投げ銭機能を使い、ライブ配信中にファンとストリーマーが気軽に交流できることも人気の理由の1つだ。

人気のゲーム実況だが、実は法律上の問題を抱えている。ゲーム実況の視聴画面には、ゲームのプレー動画が映し出される。RPGのようなシナリオのあるソフトの場合は、ストリーマーの「ネタバレ」になるおそれがある。さらに、ストリーマーが動画に広告をつけて収益を得れば、ソフトの開発メーカーに帰属する著作権を侵害することになる。そこでコナミやカプコンは原則として、一部のゲーム機の機能を使った配信を限定的に許諾するにとどめており、広告による収益化も禁じている。

ゲーム会社のジレンマ

ただ、実況が多くの人に見られればソフトの宣伝につながる。それゆえ多くのメーカーは、無許諾で配信されるゲーム実況を黙認してきた。だがリスクを避けたいストリーマーは、配信が正式に許可されていないソフトの実況は控える傾向にある。

こうした状況下、ゲーム実況に前向きな姿勢を示したのが任天堂だ。同社は18年11月にガイドラインを発表し、同社が定める方針に沿った配信やその収益化であれば「著作権侵害を主張しない」と明記した。それまでは、収益化をする際に任天堂による審査が必要だったが、これも廃止した。ストリーマーを含む多数のユーチューバーが所属するUUUM（ウーム）など7社と、ゲーム著作物の配信を認める包括契約も結んだ。

その結果、任天堂のゲームソフト『あつまれ どうぶつの森』や「スーパーマリオ」シリーズなどは、動画実況の人気ソフトの常連だ。さらに、同社の公式ユーチューブチャンネルでのお笑い芸人を起用した企画の配信など、ユーチューブを積極的に活用している。

　ゲーム実況がエンターテインメントとして存在感を高めつつある中、メーカーが曖昧な態度を取り続ければ、せっかくの成長機会を失うことになりかねない。ストリーマーへの歩み寄りが求められている。

（菊地悠人）

集客の新機軸を探る音楽業界

他業界に先駆けてユーチューブの活用を進めてきたのが音楽業界だ。自社アーティストの楽曲の認知を広げるための場として、ユーチューブ黎明期から多くの事務所がミュージックビデオ（MV）やプロモーションビデオ（PV）を公開してきた。

中でも、事務所として最多のチャンネル登録者数を持つのがエイベックスだ。545万人という規模は日本の累計登録者数でも9位につけ、存在感を放つ。

エイベックス・エンタテインメントでユーチューブを管轄する丹雅彦氏は、「当初はPR手段という側面が強かったが、今はファン深耕や新人発掘の場として役割が拡大した」と話す。近年はユーチューブで自身の楽曲を発信する人も多い。エイベックスはそこでスターの原石を見つけ、実際にレーベル契約に至ったケースもある。

基本無料のユーチューブで音楽を聴けてしまうと、ＣＤやサブスクリプションサービスの売り上げが落ちる懸念もある。だが丹氏は「会社がオフィシャルの音源をきちんと置き、ＵＧＣ（「歌ってみた」などユーザーが既存の楽曲を使って制作するコンテンツ）にも向き合えば、回り回って本業にプラスになると証明できている」と、得られる効果に重点を置く。

注目の「一発撮り」動画

ユーチューブの拡大は、音楽業界で新しいコンテンツの登場も促している。とくに注目を集めるのは、ソニー・ミュージックエンタテインメントなどが運営する「THE FIRST TAKE」だ。同チャンネルの特徴は「一発撮り」。歌唱直後に涙を浮かべ楽曲への思いを語るなど、きれいに編集された姿とは違う人気アーティストの一面が映し出される。

２０１９年１１月の開始から1年足らずでチャンネル登録者２４０万人を達成。Ｍ

VやPVなど既存の動画を再利用する形が多かった音楽事務所系ユーチューブに新風を巻き起こした。現在はラジオ番組やフェス開催、グッズ販売など、ユーチューブ以外の展開も行う。エイベックスでも「そうしたメディアミックスを意識したコンテンツの立ち上げも検討し、すでに動き始めている」（丹氏）という。

一方で、ユーチューブが不得意なこともある。コロナ禍によりライブの中止や延期を迫られた音楽業界では有料ライブ配信が一気に普及したが、ユーチューブではそうした実施例が見られない。各社が個々に配信プラットフォームを有することや、ユーチューブに有料ライブチケット販売機能が実装されていないことが要因だ。

ただ、オンラインライブの一部をユーチューブで無料配信する活用は出始めている。エイベックスは20年夏オンライン開催したフェス「a－nation」を有料ステージと無料ステージに分け、無料部分をユーチューブで配信した。「来たことがない人にもフェスの存在を広く知ってもらえるきっかけになった」（丹氏）。直接的に稼ぐだけでない、さまざまなユーチューブ活用が広がる。

（井上昌也）

退所・移籍が相次ぐ理由

注目増すユーチューバー事務所の勢力図

スターダムにのし上がるユーチューバーの裏で、彼らの活動をあらゆる面からサポートするのがユーチューバー事務所だ。

手がけるのはスケジュール管理などの、いわゆるマネジャー業だけではない。動画の制作・編集代行はもちろん、視聴動向分析、グッズのプロデュース、さらにはユーチューバー個人の資産管理・運用を手伝う事務所もある。

本人向けのサポートに加え、タイアップ広告案件の獲得営業、所属ユーチューバーとファンが触れ合えるイベント開催なども担う。

契約を結んだユーチューバーは、動画で得た広告収入の一部を手数料として事務所へ支払う。手数料率は事務所や契約形態によって数%から数十%まで幅がある。タイアップ案件の場合、事務所が企業からプロモーション料を受け取り、そこから一定額を出演料、動画制作料のような形でユーチューバーに支払う場合が多い。

日本で10万人以上の登録者数を抱えるユーチューブチャンネルは、20年約4900に達し、3年前のおよそ8倍になった。この波に乗り、ユーチューバー事務所も急速に業容を拡大している。

国内最大手のUUUMもそんな1社だ。直近2020年5月期の本決算では、新型コロナウイルスの影響を受け営業減益となったものの、売上高は成長し続けている。

「UUUMは業界の中でも頭一つ、二つ抜けた存在だ」（競合事務所の幹部）。ライバル社が異口同音にこう語る理由は、UUUM所属ユーチューバーの豪華な顔ぶれにある。日本でのユーチューブの登録者数ランキングでは、トップ10の中にUUUM所属者のチャンネル4つがランクイン。また、登録者数100万人超のチャンネルは54を数え（20年9月時点）、19年比で12増えた。

■ YouTube広告が売上高の過半を占める
―UUUMの業績推移―

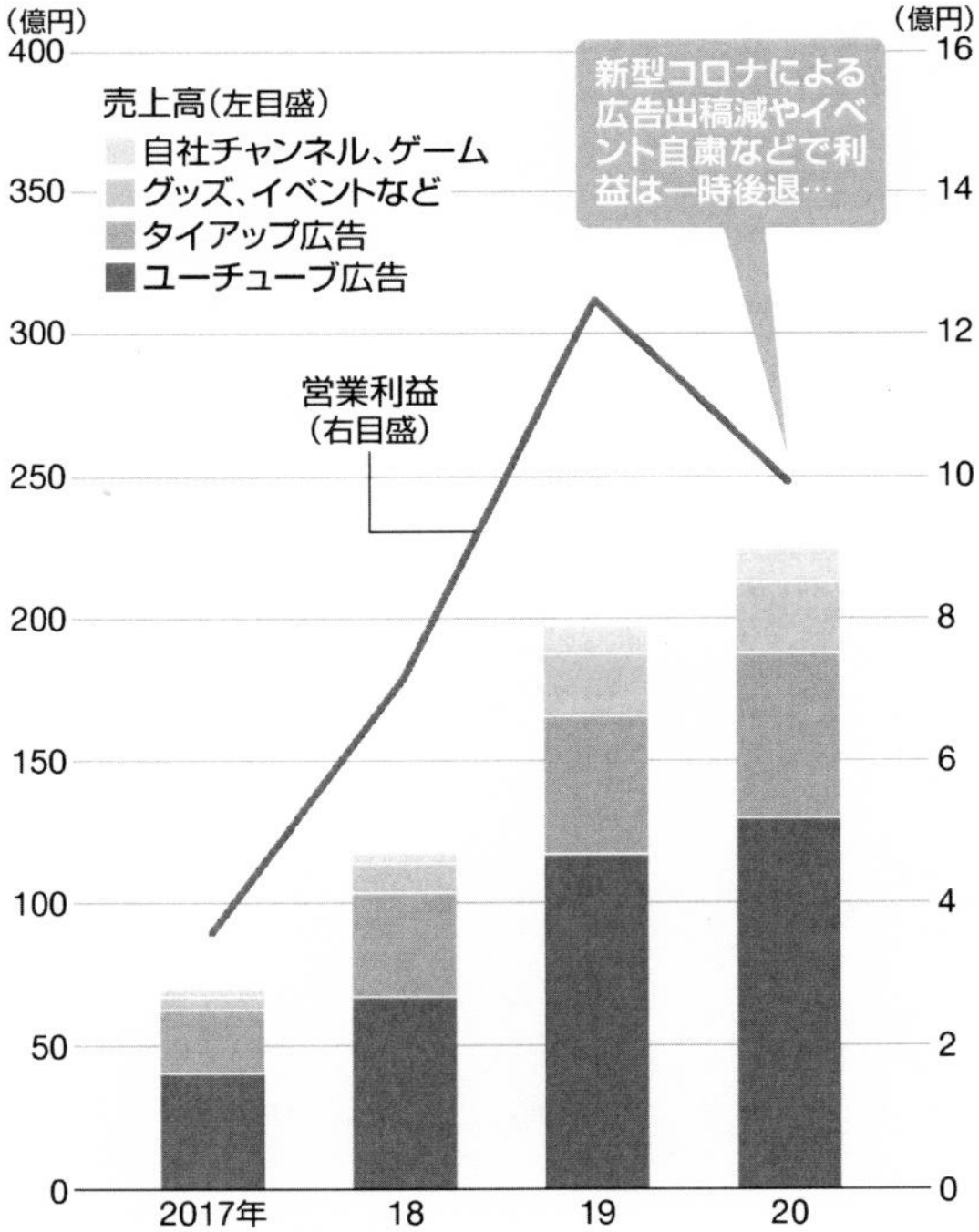

(注)各5月期　(出所)UUUMの決算資料

退所・移籍は自然な流れ

大手事務所が急激な成長を遂げる一方で、業界内にはその「ひずみ」も出ている。各社がここ数年悩まされているのは、退所問題だ。UUUMからも木下ゆうか、エミリンなど複数の人気者が退所しており、それぞれが自身の動画で退所報告をするたび、「またか」とネットがいわいがざわつく。

ユーチューバーからすれば、活動が軌道に乗ってくれば事務所に手助けしてもらうありがたみは薄くなる。一方で、広告収入が伸びるほどに事務所に支払う手数料額は膨張する。個別の事情もあるだろうが、もともとは個人勝負の世界であり、事務所にはいかんともしがたい面もある。

「育成期は事務所の持ち出しが大きく、（ユーチューバー1人当たりの利益は）基本赤字だ。人気が出て、これから収益貢献というところで退所されるとうまみがなくなる」。ある事務所の幹部はそう嘆く。

事務所業から撤退する会社もある。投資情報系ユーチューバーのサポートを手がけるZeppy（ゼッピー）は20年夏、事業再編を行い、事務所機能の縮小に舵を切った。自身もユーチューバーとして活動する井村俊哉CEOは、「育成から収益化へのサイクルがうまく回らなかった」と明かす。今後は新規事業の創出に注力する。

業界関係者の中には、「ユーチューバーにとって事務所はサブスクサービスのようなものになった」と表現する人もいる。事務所には再生回数を伸ばすのに長けた会社、広告営業や海外展開が得意な会社など個性がある。ユーチューバーは自分のニーズに合う事務所を選ぶだろうし、ステージや方向性の変わり目で別の機能を備えた事務所に移るかもしれない。

実際、ユーチューバー事務所大手のビットスターが10月26日に発表したのは、元UUUM所属の3組の加入。「今後も退所・移籍の流れが続く」（前出の関係者）。

こうした状況を踏まえ、専属契約ではなく案件ごとに契約を結ぶエージェント型のサービスも出ている。例えばギルドだ。人気ユーチューバーのヒカルや、タレントの手越祐也、お笑いコンビ・雨上がり決死隊の宮迫博之らの企画をサポートする。

同社の収益源は手数料ではなく、企業からのプロモーション費が軸。「広告代理店のように、もらった予算でユーチューブ上での広告枠を買い付けるイメージ」と、同社の高橋将一代表は語る。

退所問題についてUUUMの鎌田和樹社長は、「(新しく所属する人もおり)出入りのバランスが偏ってはいないので経営上の問題はない」と話す。一方で、選ばれ続ける事務所であるための機能拡充も推進。今期は戦略投資に7・5億円を拠出し、負担が重い編集作業の代行や企画立案の支援などを手厚くしている。

■UUUMだけじゃない —主なユーチューバー事務所—

社名	代表的なユーチューバー	設立年	特徴	所属チャンネル
グローブ	パパラピーズ、なえなの	2012年	親会社がD2C事業を運営。グッズ化などに強みを持つ	40
ウーム	HIKAKIN、はじめしゃちょー	2013年	圧倒的な人気インフルエンサーが所属。アドセンスが収益の大半を占める	550
ビットスター	はらぺこツインズ、JULIDY	2014年	人気ユーチューバーの育成を強化中。企業チャンネルの企画・制作も実施	約80
バズ	ねお（脱退を主張）	2015年	ヒカル、ラファエルらの元所属先。脱退問題、CEO退任などお家騒動も	非公表
ギルド	ヒカル、宮迫博之（未所属）	2019年	事務所ではなく、エージェント型。インフルエンサーと案件ごとに連携	なし

（出所）各社公表資料や取材を基に本誌作成

信頼なき事務所は淘汰も

成長市場でありながらも、ユーチューバーや広告主からのニーズが刻々と変わる事務所経営の舵取りは、決して楽なものではない。

有名事務所の一角・バズ（ＶＡＺ）は１０月２８日、創業者でＣＥＯの森泰輝氏の退任を発表。新型コロナが直撃し、「独力での経営再建は難しいとの結論に至った」ことが要因だという。今後は共同ピーアールの傘下に入り、再成長を目指す。

バズは人気ユーチューバーを多く抱える事務所だった。だが、近年は退所が相次ぎ、9月には所属ユーチューバーと報酬や契約をめぐり対立するなど、不穏な状況が続いた。会社や森氏はとくに触れていないが、こうした事態も退任の背景にあったと思われる。ユーチューバーとの信頼関係を築けない事務所は淘汰される――。そんな時代に突入しているのかもしれない。

（井上昌也）

INTERVIEW　国内市場を切り開いた2人の「社長」に聞く

事務所もスターもまだ進化できる

UUUM（ウーム）社長CEO・鎌田和樹
人気ユーチューバー・はじめしゃちょー

大学時代から動画投稿を続けて8年のはじめしゃちょーと、7年前にUUUM（ウーム）を創業した鎌田和樹社長。ユーチューブ市場のど真ん中にいる2人に、自身と業界の展望を聞いた。

――UUUM創業時と現在とで、ユーチューブを取り巻く環境は変わりましたか。

鎌田和樹社長（以下、【鎌田】）　企業がユーチューバーやその事務所に向ける目が劇的に変わった。創業当時は、（広告を打診すると）「どこぞの個人になんでお金を出さなきゃいけないんですか？」という反応ばかりだったが、今は企業の側から、動画で商品を紹介してほしい、CMに出てほしいと声がかかる。直近では日本コカ・コーラの東京五輪関連の案件も経験し、社会的な信頼を勝ち取ってきたと実感する。動画の作り手と内容のバリエーションも広がった。

――数年の間にこれだけの変化が起こったのはなぜでしょう。

【鎌田】ひとえに、ユーチューバーたちの頑張りではないか。見られなくても、儲からなくても、自分が楽しいからやるという人たちが根気強く動画を増やしてきたことで市場が形成された。個人でも自由な表現で活躍できる、それを生活の糧にできるんだと、「ジャパニーズドリーム」を見せてくれた。だから憧れの職業として子どもの人気も得ているのだと思う。

会社としては、株式上場をするなど社会的信頼を得る努力をした。ユーチューバーがクレジットカードを作れない、家を借りられないといったことがザラにあった。今は（ＵＵＵＭに所属していることが保証になり）こうした不便を徐々に解消できている。

――はじめさんは、自身の動画の見られ方に変化を感じますか。

はじめしゃちょー（以下、**【はじめ】**）　大学生から8年もやっていると、視聴者も僕と一緒に歳を取っていく。「就活を応援してください」とコメントをくれたファンが、「内定しました」という連絡を最後に音沙汰なし……といったこともあり、彼らの生活や視聴習慣の変化を感じる。今２７歳だが、「大学生のはじめしゃちょー」だったから応援していた人もいるだろう。

一方で新しくファンになってくれる人もいるので、悲観はしていない。トレンドを読んで、流されすぎない程度に動画に取り入れる努力もしている。ユーチューバーとして稼ぐ生活をできるだけ長く続けたいし、１０年後も自分が面白いと思える動画を作っていたい。

――はじめさんのようなスターは今後も生まれますか。

【鎌田】今から（チャンネル登録者数）８００万人に追いつくのはハードルが高い。ただ、そこを目指さないと〝食えない〟というわけではなくなった。ユーチューブは、会社員の名刺のようなもの。何かを発信したい人は当たり前に運用していて、そのうえで何をするかが稼ぎ方の肝になる。そういう意味で、最近はユーチューバーよりクリエーター、インフルエンサーという呼び方が主流になった。

――UUUMの直近の四半期決算では、営業利益が低迷しています。

【鎌田】新型コロナの影響が大きい。所属クリエーターの動画再生数は伸びたが、全体的に広告主の出稿マインドが下がった。

加えて、攻めの先行投資も増やしている。具体的には制作予算を増やしたり、トップクリエーターに専門の支援チームをつくったりしている。ファンが1回見て終わりの動画だけでなく、ミュージックビデオなど新しい層に届くようなものにも取り組み始めている。

【はじめ】支援してもらえる内容が増えていることは実感する。とくにタイアップ案件で、時間のかかるクライアントとのやり取りを代行してもらえるのはありがたい。普段の動画作りでも、どうすればもっとよくなるか相談している。ここまでできる場はほかにない。

――UUUMを退所する人が増えている件に触れた、はじめさんの動画では「炎上したとき見放さないでくれた」として、事務所に居続けたいと語っていますね。

【はじめ】炎上したときには、実務面だけでなく精神的な部分でものすごく支えてもらった。近くに信頼できる人がいて、何かあったときに適切に対処、助言してくれるのは何物にも代えがたい価値だ。

【鎌田】事務所を辞めてもユーチューバーとして十分活動できる環境になったのは本当にいいこと。他方で、ユーチューバーの影響力が増しタイアップ案件の規模は拡大している。億円単位の仕事もある中で、案件を獲得するには信頼がセットになる。もしトラブルが起きたらと考えると、企業としては個人より事務所経由で依頼するほうが安心だ。所属する側にとっても半分「保険」のようなものかも。もちろん、もっと稼げるようにする、創作活動を楽にするという価値もさらに発揮していく。所属クリエーターには、事務所をいかにうまく使うかを考えてほしい。

――とはいえ、人気が出た途端に退所されてしまうと、育成期間の投資を回収できずビジネスが成り立たないのでは?

【鎌田】悲観的に方程式を立てるとそうだろうが、実際は多くのスターが残ってくれている。それに、クリエーターの「次はこんな企画をやりたい」という無理難題への試行錯誤は会社のノウハウとして蓄積されていく。そこに価値を感じて新しいスター候補も入ってきてくれる。クリエーターはモノではなく人。そんなに単純ではないし、その分ビジネスとしてもまだまだ進化のしようがある。

(聞き手・長瀧菜摘、井上昌也)

鎌田和樹（かまだ・かずき）

2003年に大手通信会社に入社。総務、店舗開発・運営などで実績を上げ、11年から系列会社役員。その後起業を決意し、HIKAKINとの出会いを得て13年に現UUUM設立。

はじめしゃちょー

2012年、大学在学中に同級生とともにユーチューブへの動画投稿を開始。実験系をメインにオールジャンルの動画を手がける。チャンネル登録者数は890万人超。

進化する動画広告の威力

広告業界で動画広告の勢いが止まらない。2020年3月に電通が発表した2019年の国内統計「日本の広告費」で、インターネット広告費が地上波テレビ広告費を初めて超えた。中でも最大の伸び率だったのが動画広告だ。19年は前年比57％増の3184億円だった。

牽引役がユーチューブの広告だ。広告代理店幹部は「動画広告ならまずユーチューブ。顧客への企画提案でも必ず入れるようになった」と話す。またコロナ禍の影響で「テレビ広告の予算を縮小し、大半をユーチューブに移行させた顧客もいる」（代理店関係者）。

それだけ注目を集める理由は4つある。1つ目はユーザー数。調査会社・ニールセ

ン　デジタルによれば、国内の月間利用者数は19年12月時点で6300万人超と、グーグル本体やヤフーに次ぐ規模になった。

2つ目は広告が流れる〝場所〟。一口に動画広告といっても形はさまざまある。フェイスブックのようなSNSでは投稿の合間に表示されたり、ウェブサイトの中に埋め込まれていたりもする。その中でもユーチューブのように、動画の再生前後や最中に流れる広告は、「視聴者が動画視聴に集中している状態で接触するので、ほかのものとは一線を画す」（大手広告代理店のメディア担当者）。

3つ目はターゲティングの精度だ。グーグルは検索など自社サービスの利用履歴に加え、ユーチューブの視聴履歴を基に、ユーザーの属性や興味・関心を推測する。スポーツの中でもサッカーが好き、車の中でも高級車が好き、といった具合に細かなカテゴリー分けも可能。20〜30代女性の視聴者が多い番組に出稿するといった手法の多いテレビ広告とは対照的だ。

とくにユーチューブの視聴履歴は、「視聴頻度なども含めると、（特定のカテゴリーに関する）興味のシグナルとして強い」と、グーグル日本法人の須田尚宏・広告営業本部ビデオ・ディスプレイ統括部長は話す。

そして4つ目は広告効果の検証がしやすいことだ。ユーチューブで多いのが、認知度を高めるブランド広告。広告の接触者に対して、「最近広告を見たブランドは何か」といったアンケートを広告枠の中で流すことができる。また、広告出稿後に、関連するキーワードの検索が増減したかも追跡可能。検証結果を見ながら、ターゲティングの設定などを調整できる。

こうしたユーチューブの特性を生かして売り上げアップにつなげた会社は多い。生花のネット通販サイト「インターネット花キューピット」を手がける花キューピットは、コロナ禍で祝い事向け需要が縮小し、大きな影響を受けた。しかし検索動向がわかる「グーグルトレンド」で自宅用の観葉植物の検索が急上昇していることが判明。そこで認知度が低かった30～50代向けに通販を紹介する動画広告を配信した。するとサイトへの顧客流入が増加、20年4～5月の生花のネット売り上げは19年同期比で6割も伸びた。「過去の出稿で検索数やサービス認知度向上の効果が実証された。20年はテレビよりもユーチューブでの出稿を増やしている」（花キューピットの大橋俊彦・ウェブストラテジー事業部長）。

■ **グーグル、ヤフーに次ぐ存在に**
—国内ネット広告業界の主な出稿先—

出稿先媒体	月間利用者数	1人当たりの月間平均利用時間
Google	7299万人	13.6時間
Yahoo Japan	6884万人	14.4時間
YouTube	**6366万人**	—
LINE	6312万人	19.9時間
楽天	5442万人	2.3時間
Facebook	4944万人	2.6時間
Instagram	4013万人	5.1時間

(注)数値は2019年12月時点、パソコンとスマートフォンで重複していない利用者数を集計。ユーチューブの利用時間は未計測。利用者数はサイトの訪問者数またはアプリの利用者数
(出所)ニールセン デジタルコンテンツ視聴率

目的に応じた広告形態

ユーチューブ広告の特徴は、目的に応じてさまざまなフォーマットを選べる点にもある。通常のネット広告と同様に、オークションで出稿が決まる運用型と、テレビのようにあらかじめ指定した広告枠と期間で出稿できる予約型の2種類に分かれる。

多種多様なフォーマットを展開
―YouTube広告の主な商品―

グーグルが自社サービスの利用履歴（検索、位置情報、動画視聴、ブラウザー履歴など）からユーザーの興味・関心を推測
YouTube広告
動画の長さやスキップの可・不可、ウェブサイトへのリンクの有無などさまざまなパターンがある（下記は主要な例）
広告配信後に検索数が増えたか、ユーチューブ上のアンケートでブランド認知度が上がったかをチェック
❶ TrueView《トゥルービュー》広告
動画再生前に表示される15〜30秒の動画広告。5秒後にスキップ可能。スキップされると広告料は発生しない
❷ バンパー広告
スキップ不可の6秒の動画広告。簡潔なメッセージで消費やブランドの認知度を高める
❸ 純広告
スキップ不可の15〜20秒の動画広告。長めの動画で強い印象を残す。現在は縮小傾向
❹ TrueView ディスカバリー広告
関連動画の一覧付近などに表示される、動画広告へのリンク。再生されると料金が発生
❺ TrueViewアクション広告
動画広告のそばに「今すぐ購入」「詳細を確認」などのリンクボタンを置き、ウェブサイトへ誘導する。この1〜2年で需要が大きく拡大
Storytime Master Class
Google Home
SHOP NOW
商品購入サイトへ移動
広告主の通販商品一覧を表示
$24.99
$13.49
SHOP NOW
広告再生開始時に広告商品の関連リンク一覧が画面を埋める
❻ ユーチューブセレクト（年内に国内で開始）
NEW
グーグルが算出した能動的な視聴のスコアでトップ5%のチャンネルのほか、「音楽」「ファッション」「ゲーム」「食」など特定のジャンルやチャンネルに出稿できる予約型広告。自社でカスタマイズしたカテゴリーにも出稿可能
画像：Google

運用型で主流なのが、「TrueView（トゥルービュー）広告」や「バンパー広告」と呼ばれるものだ。トゥルービューは再生開始から5秒でスキップが可能な15〜60秒程度の広告を指す。目的によって、1回ごとの視聴で単価を設定する「インストリーム」と、1000回単位で単価設定する「リーチ」などに分かれる。広告主は、商品を検討中の人に直接広告を流したい場合は前者、テレビ広告のように多くの人に広告を流したい場合は後者を選ぶ。

バンパー広告はスキップ不可の6秒の動画広告で、広告業界ではその短さから「嫌われない広告」と呼ばれることもある。短いメッセージでユーザーに印象づけるもので、新商品の認知度を上げたい場合に使われることが多い。広告をよくスキップする人の画面にはバンパー広告が頻出する。

一方、今拡大しているのが「TrueView アクション広告」と呼ばれるものだ。動画広告のそばに「今すぐ購入」「詳細を確認」といったリンクを置き、ウェブサイトに誘導する。これは一般にダイレクトレスポンス広告といわれ、広告の接触者に商品やサービスの購入など、次の行動を促す。ネット通販事業者やゲームなどのスマートフォンアプリ企業が中心だ。

動画広告に詳しいサイバーエージェント 広告事業本部統括の羽片一人氏は、「ダイレクトレスポンス広告は（検索広告に強い）グーグルの得意分野。コロナ禍でブランド広告が減る中、アクション広告の需要は大きく伸びた」と話す。

単に動画の下にリンクボタンの置かれているものが多いが、最近では、広告の再生開始と同時に動画下の画面を、関連リンクの一覧やネット通販商品の一覧で埋め尽くすフォーマットが増えてきた。より広告に集中させせたいという狙いがありそうだ。

芸能人進出で広告も変化

運用型広告は不適切なコンテンツで表示されるリスクもある。人気があり〝炎上〟の懸念が少ない特定の動画に出稿したいという広告主のニーズが高まっていた。

これに対応すべくユーチューブが強化するのは予約型広告だ。「テレビ広告に慣れた広告主を中心に、事前に人気コンテンツの中でブランドに合うものを押さえたいという声は多い」とグーグルの須田氏は説明する。ここ数年でユーチューバー動画が激増し、コンテンツのジャンルも広がった。さらに芸能人がユーチューブに進出するケースが増えたことも大きい。

従来はユーチューブ側が再生回数・時間や「高評価」の数などで、ユーザーが能動的に視聴していることを示すスコアを算出し、そのトップ5％に入ったチャンネルだけに出稿する仕組みがあった。ただ、「どの動画に出稿されるかわからないことへの不安もあった」（大手広告代理店関係者）。

2020年内に日本で開始する予約型商品の「ユーチューブセレクト」は、従来のトップ5％のチャンネルへの出稿も可能だが、その中で音楽やスポーツといったジャンルを指定できるほか、広告主の要望に合わせて出稿するチャンネル群を決められる。「広告主1社ごとに異なるのではなく、〝自動車メーカーに人気のチャンネル群〟といった形になるだろう」（須田氏）。

さらに特定のチャンネルやライブ配信イベントにおける広告枠を一定期間、独占的に買い切る「スポンサーシップ」の仕組みもある。すでに一部の広告主で活用されており、２０年8月に行われた音楽イベント「ライジング・サン・ロックフェスティバル」のライブ配信では、ＫＤＤＩが携帯電話ブランド「ａｕ」として広告の買い切りを実施。通常の広告よりも表示数や視聴完了率が高かったという。

動画の作り分けも重要

ターゲティングやフォーマットだけでなく、動画そのものも結果に大きな影響を与える。

今ユーチューブでは、ターゲット層ごとに合った動画を制作し、出し分ける例が増えている。

トヨタ自動車の高級車ブランド「レクサス」は、潜在顧客を4つのセグメントに分けて別々の動画を配信。結果、テレビＣＭ動画を閲覧した人と比較して、各動画閲覧後の関連単語の検索数が伸び、中には4倍に達する動画もあった。

しかしすべての広告主に、テレビＣＭのような本格的な動画を制作できるだけの予算や体制があるわけではない。

動画制作支援のカイゼンプラットフォームは、広告主が持つイラストや画像をアニメーション動画に仕立てるサービスを行う。「撮影なし」の動画を5営業日以内に納品、制作単価も1本5万～8万円だ。同社の藤原玄グロースマネジャーは、「ユーザーの受けがよくないとアルゴリズムが検知し配信量が減る。数百万円をかけて1つの動画を制作するのはリスクが高い。短納期・低コストが重要だ」と説明する。

制作を行うのは契約している1万人以上の動画クリエーターたち。その一人、ミリカデザイン事務所の福田和也代表は、制作のポイントについて、「広告をスキップされないようにストーリー性を持たせたり、文字やアニメーションの動きが途切れないようにしたりする。だらだらと見ている人が多いので、文字のインパクトや読みやすさも徹底している」と話す。

進化を続ける動画広告を賢く使えば、事業成長の可能性も開く。


（中川雅博）

タイアップ成功の裏側

ほかの動画と同じような形式で、冒頭や画面の隅などに「プロモーションを含みます」「提供：○○株式会社」と表示されている動画を見たことはないだろうか。これは、企業がユーチューバーに対価を支払い動画を投稿してもらう、タイアップ広告だ。

タイアップ広告は、ユーチューバーに実際にクライアントの製品やサービスを体験した様子などを動画で投稿してもらうことで、プロモーション効果を狙っている。

不特定多数に情報を届けるテレビCMなどと異なり、チャンネル登録者の属性を分析することで、広告主が情報を届けたい年齢や嗜好の人にターゲットを絞れるのが強み。

動画の再生回数を基にどれくらいの視聴者に動画が届いたかをリアルタイムで把握

し、コメント欄や「高く評価」の数などで視聴者の反応をつぶさに把握することができるのも利点だ。動画は削除されない限り公開され続けるため、人気動画となれば長期的にプロモーション効果が見込める場合もある。

広告単価の相場は、一般的なウェブ広告と比べて高く、チャンネル登録者数の多いユーチューバーほど高額な傾向にある。それでも、若年層のテレビ離れによりＣＭの訴求力が落ちる中でユーチューブに集う視聴者に関心を持ってもらおうと、大手メーカーから地方自治体までが参入する。依頼が殺到する人気ユーチューバーの中には、収入の半分近くをこのタイアップ広告料で稼ぐ人もいる。

広告だが180万回再生

１０月から料理系ユーチューブチャンネル「きまぐれクック」とのタイアップを開始したのが、アサヒビールだ。チャンネルを運営するかねこ氏は、魚をさばいて料理する様子が人気の男性ユーチューバー。２０～３０代の男性を中心に、３５０万人以上の登録者がいる。

きまぐれクックでは、タイアップの話が来る前から動画中で「アサヒスーパードライ」を〝銀色のヤツ〟と称して愛飲してきた。そこに目をつけたアサヒビールからの声かけで、今回のタイアップが実現した。

アサヒビールの宣伝部担当副部長の花田真志氏は「視聴者の間では『きまぐれクックでは〝銀色のヤツ〟を決まって飲む』という共通認識が出来上がっていた。その中でタイアップ広告を投稿してもらえば、商品の好感度を高め、消費者の態度変容にもつながると見込んだ」と語る。国内でのビール消費量減少に伴い若者の開拓が急務と考えていたアサヒビールは、このチャンネルを貴重なタッチポイントだと見なしたのだ。

「【夢かなう】ついにあの企業さんからお声がかかりました！！！！！！【銀色のヤツ】」──。10月1日、ハイテンションなタイトルで投稿されたタイアップ広告の第1弾では、いつもどおり魚をさばき、実食のシーンでスーパードライが登場。動画の最初と最後には、魚料理に合うこと、自宅でのおいしい飲み方、法改正により10月からビールが安く買えるようになることなど、商品のPR情報も入れられた。

タイアップ広告は、人気ユーチューバーの投稿であっても通常の動画と比べて再生回数が少ない例が散見される。ただこの動画の場合は配信から3週間余りで180万回以上再生され、広告でない動画に引けを取らない。コメント欄には3000件以上の投稿があり、しかも好意的なものが多かった。

アサヒビールが成功した背景には、2つの仕掛けがある。まず、製品の宣伝要素をあえて抑えたこと。「宣伝色を強めるほど、きまぐれクックの世界観を壊してしまう。かねこ氏のファンに受け入れられるよう意識した」（花田氏）。

広告主にしてみれば、安くないコストを投じてユーチューバーを活用する以上、できる限り宣伝要素を入れてほしいと思うのが普通だ。ただ、視聴者が見たいのはユーチューバーのいつもの姿。宣伝要素が強すぎると再生回数は伸びず、想定したような広告効果を得ることも難しい。

もう1つが、ユーチューブ以外のメディアでも横断的に広告を展開したこと。きまぐれクックとのタイアップはツイッター上でも展開されている。さらにアサヒビールのＳＮＳ投稿やＳＮＳ広告、店頭ポップなど、デジタルとリアルを組み合わせた広告戦略を立てた。

動画でのタイアップに加え、メディア横断的に展開するとなると、ユーチューバーに支払う広告料はさらに増える。ただ花田氏は「ユーチューブに（タイアップ広告を）流して終わりではなく、メディア横断的に活用することで、効率的に消費者へのリーチを最大化できる」と語る。実際、タイアップ開始後にツイッター上でスーパードライが話題に上る機会は増えた。「今後も、新規ファン開拓につながる広告を、効果・効率を見極めつつ積極的に検討していきたい」（花田氏）。

コラボ商品を開発

もっとも、タイアップ広告が登場して5年が経過し視聴者に浸透した今は「企業案件を見てもつまらない」と視聴を避ける向きもある。そこで足元では、単発のタイアップ広告を依頼して企業のＰＲをするという形式から一段進んだ案件が続々と生まれている。

例えば、スニーカーを製造するムーンスターは6月、人気ユーチューバーのはじめしゃちょーが監修した限定モデルのスニーカーを発売した。はじめ氏は18年11月に同社とのタイアップ広告としてムーンスターの靴を履いて走る動画を投稿しており、話題になっていた。今回は共同で靴を開発するという踏み込んだ取り組みを行うことで、ファンの購買意欲を一層刺激することに成功している。

企業とユーチューバーとのタイアップの手法は、今後さらに多様化していきそうだ。

（菊地悠人）

■ 100万回以上再生されたケースも
—企業×ユーチューバー、タイアップ広告の取り組み例—

タカラトミー × HIKAKIN	新しいおもちゃの紹介	1440（2016年10月）
スクウェア・エニックス × 東海オンエア	『ドラゴンクエスト』の実写動画	611（2017年7月）
ムーンスター × はじめしゃちょー	靴を履いて走る検証動画	283（2018年11月）
アサヒビール × きまぐれクック	魚をさばく料理動画と実食	189万回（2020年10月）

（注）数字は再生回数で10月23日時点のもの。カッコ内は配信時期
（出所）ユーチューブ

社員ユーチューバーの挑戦

動画再生時広告やタイアップ広告の施策から、もう一歩踏み込んだ企業のユーチューブ活用術。それが「自社でチャンネルを運営する」というものだ。

動画を自作するにはノウハウが必要で、手間もかかる。知名度を上げるためには工夫も必要だ。一方、自社で所有するチャンネルだからこそ中長期的な視点に立って育成できる利点がある。

最近では自ら動画のディレクションや出演を行う「社員ユーチューバー」も増えてきた。ここからは、消費者向けから法人向けまでさまざまなサービスを手がける大手や中小4社の社員ユーチューバーの奮闘ぶりを見ていこう。

宣伝色薄い動画で販売増

「冷蔵庫からこんにちは！」。毎回、こんなあいさつから始まるユーチューブ動画に出演しているのは、**サントリー**の公式バーチャルユーチューバー（Vチューバー）・燦鳥（さんとり）ノムだ。現在、15万人超のチャンネル登録者を有する。

サントリー

青いボブヘアが特徴的な燦鳥ノム。オリジナル楽曲も展開しマルチに活躍する

ノムは青いボブヘアに水色と白を基調にしたファッション、おっとり清楚なお嬢様口調が特徴だ。動画の内容は、ゲーム実況や有名楽曲の「歌ってみた」、ASMR（見たり聴いたりして脳が快感を覚えるコンテンツ）といったユーチューブの定番企画がメインで、サントリーの宣伝色は濃くない。

チャンネル開設は2018年の夏。テレビCMなど従来型のコミュニケーションとは違った消費者接点を探る試みの一環として出た案だった。当時はキズナアイなど、生身の人間ではなくキャラクター（アバター）を用いて活動するVチューバーの人気が出始めた時期で、そこにヒントを得た。

「SNSや動画メディアだと広告はすぐスキップされ、企業より個人からの発信のほうが共感して見てもらえる。ただ、社員個人を出すとプライバシー侵害や炎上のリスクもある。Vチューバーならその両方の課題をクリアできると思った」。ノムの企画を主導したサントリーコミュニケーションズ宣伝部の前田真太郎氏はそう話す。Vチューバーとは何かの説明から始め、その可能性を知ってもらうために約3カ月にわたって50人ほどの関係者を説得したという。

ノムの容姿やキャラクターの作り込み、動画制作をするうえでは、「ニコニコ動画」を運営するドワンゴの協力を得た。グラフィックス等の技術的なサポートはもちろん、「ネットのカルチャーやそこで愛されるためのツボを学ばせてもらった」（前田氏）。

実際の成果はどうか。年に一度の調査ではノムの認知度、視聴者のサントリーへの企業イメージや購入意向が顕著に上がっているという。視聴者は10～20代が中心で、従来の広告より若い層にリーチできていることもわかった。

販売にも結び付いている。ツイッターではノムのファンが「#みんなでノムノム」というハッシュタグをつけ、サントリー商品を飲んでいる様子を投稿。「商品を購入することでノムを応援しようという動きが自然発生した」（前田氏）。ノムはキャラクター設定上、清涼飲料しか飲まないが、ファンによる応援購入の動きは酒類にまで広がっているという。

当初は実験的展開として視聴回数が一定以下ならば撤退の可能性もあったが、「そのレベルはクリアした。熱量の高いファンに囲まれている限り今後も続けていく」（前田氏）。

三度にわたる方向転換

自社サービスと直接関係するコンテンツで勝負するケースもある。第二新卒など若年世代向けのキャリア支援を展開するUZUZ（ウズウズ）はその好例だ。

配信する動画の内容は、事業サービスでも提供している就活効率化のためのノウハウ。面接対策であれば、自己紹介の仕方や最終面接で押さえるべき点など、細かい項目を深掘りする。さらに業界・職種を解説するシリーズ、プログラミングやWebマーケティングなどの学習コンテンツも用意する。

顧客である若者が日々接するメディアの変化に応じて、自分たちが露出する先も変えていかなければ――。そんな問題意識から始まったウズウズのチャンネル。ただ、現在の形式に行き着くまでには紆余曲折があった。

動画を配信し始めた2017年当初、注力したのはライブ配信だ。寄せられた就活相談にその場で答えるという趣旨のものだった。だが、決まった時間に見てもらうスタイルが視聴者ニーズに合わず、「数人しか見ていないといった状況が続き、心が折れそうだった」（同社の川畑翔太郎専務）。後から視聴できるアーカイブ動画を作っても、どうにも内容が薄い。

そこで、収録型の解説動画を作ってストックしていく形に切り替えたが、動画に出演し人気を得ていた社員が退職してしまう。「仮に退職時、『出演動画を削除してほしい』と言われたら、応じなければならないリスクがあると気づいた」（川畑氏）。ストックされた動画を続けて見てもらうために、一般社員より退職の可能性が低い役員陣が出演するという現在のスタイルに落ち着いたわけだ。

苦労の成果は着実に出ている。動画をきっかけにウズウズを知り、個別カウンセリングの申し込みに至るケースは増えている。

Andoer

撮影：尾形文繁

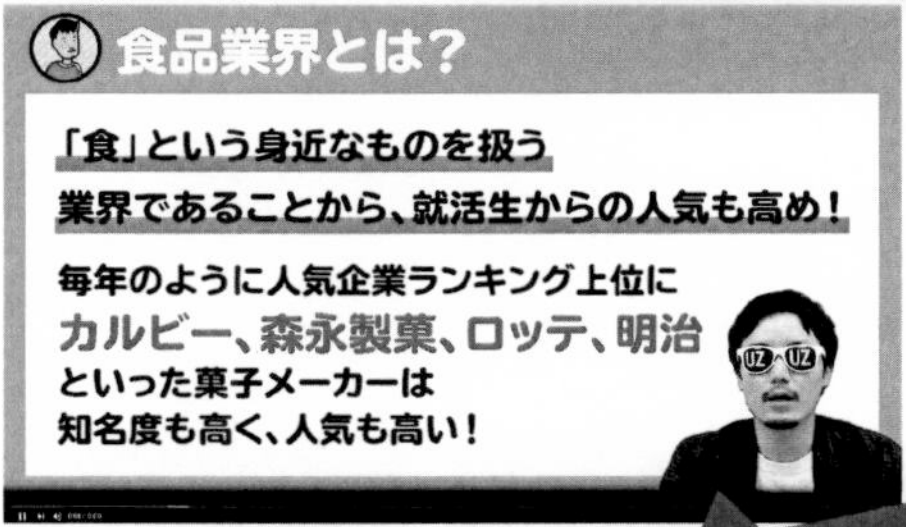
食品業界とは？
「食」という身近なものを扱う
業界であることから、就活生からの人気も高め！
毎年のように人気企業ランキング上位に
カルビー、森永製菓、ロッテ、明治
といった菓子メーカーは
知名度も高く、人気も高い！

就職支援
UZUZ
（ウズウズ）

サングラスが特徴。目線がバレずカンペを見やすくなるメリットも

ウズウズと同様、解説系動画を配信するのが中小企業向けを軸に会計業務効率化のクラウドサービスを提供するｆｒｅｅｅ（フリー）だ。年末調整、扶養控除などの基礎知識のほか、コロナ禍で注目度の高まった雇用調整助成金などの解説も行っている。

フリーの顧客はこれらのキーワードをネットで検索して同社を認知することが多く、「検索画面の制覇」は重要戦略の1つ。「最近はグーグルでの検索結果の上位に動画が表示されるようになった。今まで取り組んできた記事コンテンツでは足りない部分を埋める必要があった」。フリーのマーケティング部門の吉原夏帆ユーチューブクリエイターはそう話す。

手間がかかる印象の動画制作だが、「押さえるべきポイントは記事コンテンツと同じで、難しくはない」(吉原氏)。具体的には、タイトルやサムネイル、動画の冒頭15秒で視聴者を引きつけることを意識している。あるキーワードで検索する人が増える時期にタイミングよく配信することも重要だという。

フリーは、中小企業経営者の対談などを動画化する企画も実験的に始めている。彼らに日頃の経営課題などを語ってもらい、より広い問題意識を持つ潜在顧客にフリーを知ってもらうのが目的だ。

同社ブランドスタジオの小川テツヤ・クリエイティブディレクターは、「出演することがステータスになり、シェアしたくなるコーナーを目指している」と語る。実際、出演者のＳＮＳ投稿で動画視聴や会社ホームページへの流入が増えたケースもあるという。

両パターンとも本格開始から1年足らずの今は、再生数が数百回にとどまる動画も多い。「税理士ユーチューバーなど、ニッチな内容でも数十万単位の再生数を稼ぐチャンネルもあるので、そこを目標に改善を進めていく」（吉原氏）。

社員の才能を生かす道

社員の才能を生かしユーチューブを展開する道もある。化粧品情報サイト「アットコスメ」を手がける**アイスタイル**の社員・有賀美沙紀氏は、個人活動として「アットコスメ社員ありちゃんのコスメ美容録。」というチャンネルを運営するユーチューバーだ。

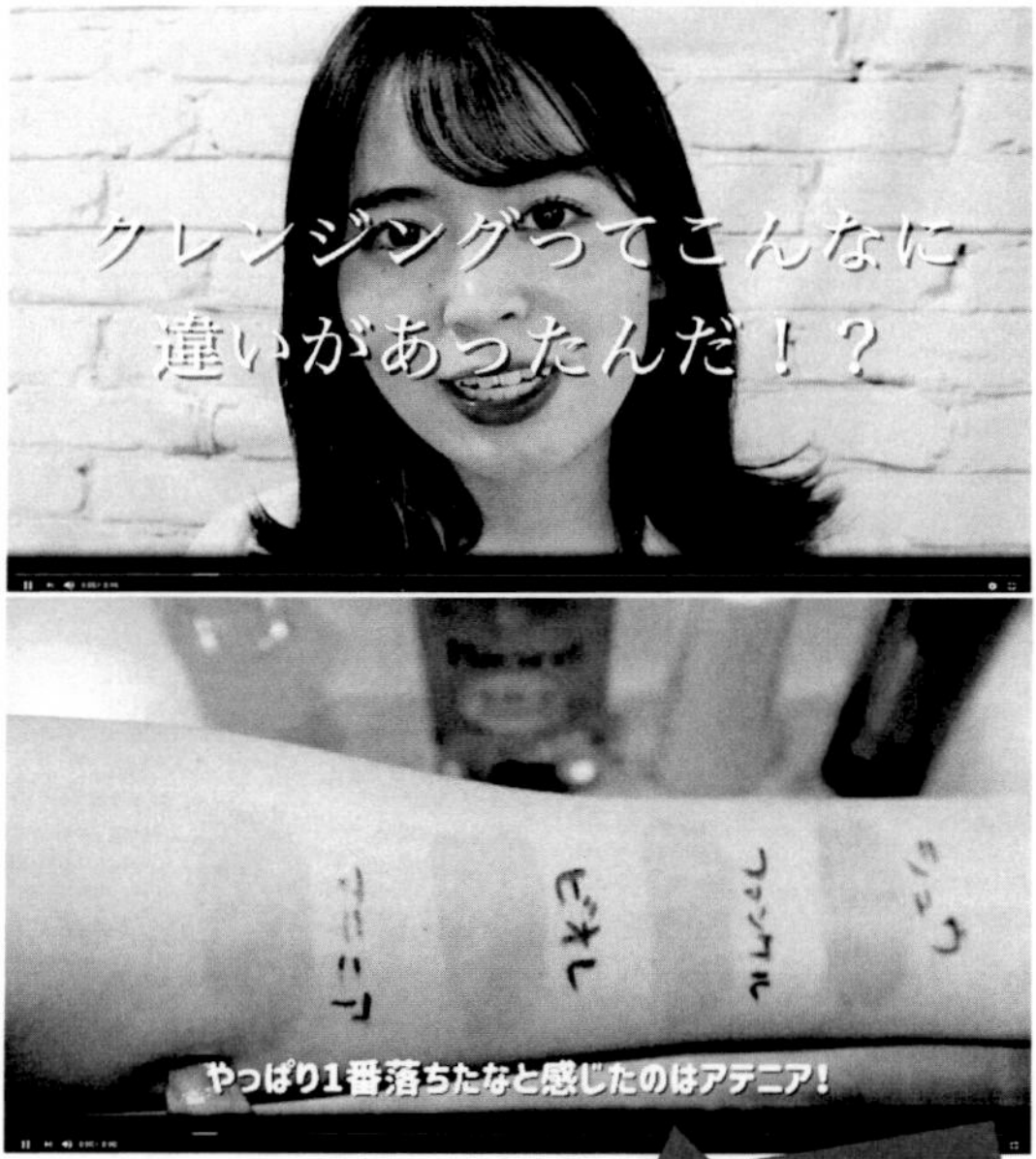
クレンジングってこんなに
違いがあったんだ！？
やっぱり1番落ちたなと感じたのはアテニア！

アットコスメでも注目度の高い商品の機能性を徹底比較する動画などが人気

化粧品情報サイト
アイスタイル

新卒でアイスタイルに入社し、ＥＣ事業部で店舗運営を担う有賀氏。もともと、美容系の動画を作り発信することに関心があったため、まずはアットコスメ関係者であることは伏せて活動を始めた。が、ユーチューブの中でも美容系は競争の激しい領域。差別化策を考えたときに、「アットコスメ社員ならではの企画ができればと思い、会社に相談した」（有賀氏）。

当時会社が定めていた社員のＳＮＳポリシーは、所属を明記しての活動を禁じていた。ただ、有賀氏の熱心なプレゼンがあったことに鑑み、副業規定を一部見直す形で許可する方向に変えた。

「会社がこの手の企画を主導すると意思決定者の想定内のことしか起こらない。ダメと押さえつけるより、社内のタレントが活躍できる幅を作ったほうが会社にもプラスになる」。アイスタイルのヒューマンリソース本部の鈴木敬介本部長は方針転換の背景をそう話す。

アットコスメは化粧品の情報を中立的な立場で扱うサイトであるため、有賀氏の動画でも、例えば特定ブランドと独占的なアンバサダー契約を結ぶような案件は受けないこととした。ただ、禁止事項はその程度。動画の内容も制作も基本は有賀氏に一任している。

直近では、社員という立場を生かしてアイスタイルが持つ店舗やイベントスペースを使った動画撮影も実現し始めている。

有賀氏は「動画を通じて、まだアットコスメを使っていない若い層を呼び込む、外部の美容系インフルエンサーとのつながりを強化するなどで会社に貢献できれば」と意気込む。

（長瀧菜摘）

大臣の「一声」で現場がはじけた

お堅そうな役所でも「ここまでできる」ことを見せつけているのが、農林水産省のユーチューブチャンネル「BUZZ MAFF（ばずまふ）」だ。

毎日のように配信される動画は、日本の農林水産物のよさや農水省の政策を周知する内容だが、その手法は斬新だ。新型コロナウイルスの影響で需要が低下した花の消費を喚起する動画では、まじめに語る職員の周辺を色とりどりの花が覆いつくしていく演出が話題になった。牛に扮した職員が乳製品の消費を促す動画は、家庭での牛乳消費量を一定期間、前年比で約2割増加させる効果も生んだ。

そのほかにも、大臣会見を地方出身の職員が方言でアフレコしたり、生産者向け制度を自作のラップで解説したりと、一般消費者でも笑って楽しめる動画がそろう。

ばずまふ開始のきっかけは約1年前、就任直後の江藤拓・前農水相の「一声」だった。「今（当時）の省の発信では一般にはおろか、必要な人にも情報が届いていない、ホームページに文書を掲載するだけでなく、もっと現代的な手法を試すべきでは、と提案された」（農水省の安川徹広報室長）。その際、「このユーチューバーみたいなことはできないか」など、具体的な参考事例も次々示されたという。

農水省職員の側にも同じ問題意識は以前からあり、江藤氏の提案は渡りに船だった。加えて、「出された参考事例がどれも攻めた表現のもので、それなら思い切りはじけられると思った」（安川氏）。

15チームで運用する利点

チャンネル運営は現状、全国の職員から希望者を募り、広報室が選抜した15チーム（追加や入れ替えもあり）で行っている。選抜では動画編集・配信の経験の有無を問わず、各人の趣味やスキルを生かせる企画案であるかを重視。職員の人柄を前面に出すことで、視聴者に親近感を持ってもらう狙いがあるためだ。

動画の内容やクオリティーはチームによって異なるが、初期の研修が済めば広報室側から口出しをすることは基本的にない。先述の花の動画を手がけた「タガヤセキュウシュウ」のように早期にコツをつかんで再生回数を伸ばしたチームもあれば、当初の案が鳴かず飛ばずで試行錯誤を続け勝ちパターンを見いだした「TASOGARE（タソガレ）」のような例もある。うまくいっているチームの表現を別のチームがまねるなど、互いに切磋琢磨（せっさたくま）する動きも活発化。視聴数全体の底上げにつながっているという。

複数チームでの運用は動画投稿の継続性を担保しやすい仕組みでもある。ばずまふを担当する職員は業務時間のおおよそ2割をユーチューブ活動に充ててよいことになっているが、それでも本務の繁忙期や災害対応が発生した際は時間をつくりにくい。15チームが全国に散らばっていることで繁閑が分散し、担当者が疲弊せずに済むわけだ。

動画には広告を付けておらず、ユーチューブからの直接的な収入はゼロ。そのため最初はばずまふの活動を不思議そうに見ている職員も多かったが、注目度が高まり消費喚起などの成果が見えてくると、応援ムードは高まっていった。
ほかの省庁からレクチャーの依頼を受けることも増えた。だが安川氏は、「要素をまねる以前にまず、トップが思い切って任せ、後押しする姿勢が必須」と改めて強調する。企業のユーチューブ運用にも通じる極意だろう。

（長瀧菜摘）

賢いコンテンツ活用術

ゲーム実況やユーチューバーの動画など、ユーチューブには子どもにとって魅力的なコンテンツがあふれている。また、ベネッセの手がける「しまじろうチャンネル」、歌や読み聞かせ動画が豊富な「ボンボンアカデミー」といった、むしろ見てほしい子育てチャンネルも多数存在している。

しかし、親としては無条件で子どもに見せることに抵抗があるのではないだろうか。ルールを決めないと好きなだけ見てしまい、気がついたら1日3~4時間に達していた、ということもある。さらに放っておけば、検索やお薦め動画をたどっていくうちに犯罪まがいの動画や暴力的な内容のものなど、見てほしくないコンテンツに出合ってしまう可能性もある。

ＩＴジャーナリストの高橋暁子氏は、「スマホなどで子どもに動画を見せることに罪悪感を抱く保護者は多い。しかし適切に見せるのであればアリだと思う」と語る。仕事や家事で子どもの相手をする時間を確保することが難しければ、動画の視聴をある程度容認するほうが現実的といえるだろう。

では、具体的にどのようなルールを設ければいいのか。高橋氏は「１日の視聴時間などを親子で話し合って決めるといい」と語る。「１日１時間、夜１０時まで」「視聴は土日のみ」といった約束事を決め、守らせるようにする。それにより時間の使い方を自分で考えるいい機会にもなる。

その際、アプリを使って視聴時間を制限したり確認したりするのも１つの手だ。スマホのユーチューブアプリには、動画の終了時間を通知する機能、一定時間ごとに休憩を促す機能があり、視聴時間も確認できる。また、グーグルが提供する「ファミリーリンク」など、子どものスマホの利用状況を確認・管理するアプリもある。

子どもに見せたくない動画があれば、視聴制限をすることができる。「成人向けのコンテンツを含む動画を視聴制限する」といった設定項目をオンにすればいい。

子ども向けのアプリ「ユーチューブキッズ」をインストールするのもいいだろう。未就学児向け、小学校1～2年生向け、小学校3～6年生向けなど、年代に合わせたコンテンツを表示できる。保護者が表示チャンネルをカスタマイズすることも可能だ。

さらに、親が子どもの見ているものを確認するための方法として、高橋氏は「ユーチューブ動画をテレビに飛ばして見る」ことを勧める。スマホの画面を有線・無線でテレビにつなぎ転送するミラーリング機能を使う。グーグルの「クロームキャスト」やアマゾンの「ファイアTVスティック」などを購入すれば設定ができる。もともとこうした機能がついているテレビもある。

「こうすることで、テレビを見ているのと同じ状況となり、よくない動画を見ていたらその都度注意することができる」（高橋氏）。設定が難しければ、視聴する場所をリビングなど家族の目が届く場所に指定するのがよいだろう。

それでもつい、ふさわしくない動画を見てしまう可能性はある。そのときは、「こうしたことはしないほうがいい」「こういう行動をしてはいけない」など、なぜいけないかという理由を含めて注意をしていくことが大事だという。

このようにコミュニケーションを図る手段として活用していけば、ユーチューブは「最強の子育てツール」になりうる。

動画は学びの入り口

ビジネスパーソンにとっても、動画は仕事上の問題解決や自己啓発に役立つ。ビジネススキルや教養を学ぶコンテンツは豊富に存在する。では、自分に必要な動画をどのように見つければいいのか。

デジタルハリウッド大学大学院の助教で、動画教材開発が専門の石川大樹氏は、「自分が悩んでいることなどを検索で引っかけてみて、複数の動画を見比べてみるとよい」とアドバイスする。

見比べる際には、主観ではなく事実に基づいて論じているか、理路整然と伝えられているかなどを基準にするのがよいという。視聴者を引きつけようとする演出や自己主張ばかりで、内容が薄い動画は少なくない。チャンネル登録者数が少なくても良質な動画はある。

視聴を習慣づけることも必要だ。1本当たりの時間が短いため、「あとで見ればいい」と思うと、つい見忘れてしまう。そこで、昼休みや通勤中など毎日視聴する時間を確保することを心がけたい。

何より重要なのは、あくまで動画を学びの入り口として使うことだ。ユーチューブの動画のほとんどが10分以内と短く、わかりやすさを優先して要点だけ説明する内容が多い。見終わっただけで達成感を得て、その先がなければもったいない。「ユーチューブはカタログのようなもの。もっと本格的な学びを得ようとするならば、改めて書籍や講座などから学んでほしい」と石川助教は言う。

最後に、企業の規模や業種の違いによらず、すべてのビジネスパーソンに役立つコンテンツを石川氏に紹介してもらった。英語や哲学、心理学やメンタルヘルスなどが並ぶ。「心理カウンセラー・ラッキー」や「Atsueigo」は、登録者数が多い人気チャンネルだ。エンターテインメントとしてユーチューブを楽しむだけではなく、自己研鑽・自己啓発などにも活用することができれば、一歩先を行くビジネスパーソンになれるだろう。

(宇都宮　徹)

運営サイドに課題も？

誹謗中傷の深刻問題

「ニュースで自分の会社の事件が報道されるや、僕を犯人扱いするユーチューブ動画やコメントが多数投稿された。もう、笑うしかなかったですよ」

ゲーム実況などで人気を博したユーチューバー、「マックスむらい」こと村井智建氏は、自身が経験してきた中でも最悪の炎上経験についてそう振り返る。

事は2015年12月、村井氏が創業した情報サイト・ＡｐｐＢａｎｋが上場した2カ月後に発覚した横領事件に始まる。実際の犯人は別の役員で村井氏は無実だったが、それが公表されてからも攻撃的なコメントは続いた。

「僕のアンチの人たちは『むらいは真っ黒』『タックスむばらい』なんて好き勝手にたたいてくる。殺害予告もあった。たたく側は、テレビの前で野次を飛ばすようなカ

ジュアルな感覚なのかもしれない。だがネットでは、言葉の威力が1000倍になる」(村井氏)

SNS上での誹謗中傷が問題視されているが、ユーチューブでも被害は後を絶たない。総務省が20年7月に公表したユーチューブの親会社・米グーグルへの聞き取りによると、19年下半期に嫌がらせやネットいじめ、ヘイトスピーチに該当するとして一般の利用者から削除を依頼され、同社が受理したコンテンツは477件あった(全世界、ユーチューブ以外のグーグルのサービス含む)。

村井氏の場合は、誹謗中傷と向き合いつつ現在も活動を続けている。だが周囲には、追い詰められて心身を病み、ネット上から消えていった仲間も少なくないという。

ユーチューブ上での誹謗中傷の特徴といえるのが、動画のレコメンド機能による被害の拡大だ。あるユーチューバーの元に批判的なコメントが集まって炎上状態になると、別のユーチューバーが、炎上の経緯を解説したり、ネット上の不確かな噂を動画で投稿したりする。騒動に便乗することで、アクセス数を稼ごうというのだ。

これら「炎上系ユーチューバー」の動画も、検索結果の上位やおすすめ動画に表示される場合がある。それをクリックすると関連動画として同様の動画が表示され、誹謗中傷を誘発する。

ユーチューブも問題行為を野放しにしているわけではない。同社は誹謗中傷に関するガイドラインを随時改善しており、違反を監視する体制も強化してきた。17年には違反コンテンツへの対応人員を全世界で1万人確保すると発表。機械学習と人を組み合わせ24時間体制で監視している。

ガイドラインはグローバルで共通の内容だが「文脈の判断が重要なコンテンツは、各国の言語や文化を理解する担当者がレビューをして判断している」（ユーチューブ）。こうして削除された誹謗中傷関連の動画は、2カ月間（19年10〜12月）で12万件以上、コメントは1・8億件近くと、依頼受理件数を上回る。

一方、ユーチューブに対して誹謗中傷動画やコメントの削除を依頼したことのある個人や団体、弁護士は、削除を実現するのは容易ではないと口をそろえる。

エンタメ業界の法律問題に詳しいレイ法律事務所の佐藤大和弁護士もその一人だ。佐藤弁護士は、「運営側に誹謗中傷による権利侵害を申告して削除を依頼しても、ほかのSNSより対応が遅く、適切に対応してくれているとは思えない」と語る。佐藤弁護士によれば、削除を依頼した際のユーチューブ側からの返信には、以下の内容が定型文のように書かれていることが多いという。「運用方針に基づき、裁判で（ユーチューブ側に）削除を命じる判決が出ない限り要求には応じられない」「コンテンツをアップしたユーザーと直接話し合うことを勧める」——。

裁判をするにも、匿名である誹謗中傷の投稿者を特定するだけで一苦労だ。かといってネット上で直接話し合えば、相手を刺激してさらに攻撃される可能性がある。刑事責任を問う手もあるが、これもハードルが高い。ユーチューブの規制の強化や、それを要請できる国の法律が求められている。

迅速に対応を終わらせる

こうした現状を恐れて、企業は従業員個人や事業としてのSNS活用に尻込みしがちだ。だが、企業のSNSの活用に詳しいブロガーの徳力基彦氏は「リスクがあるからと発信させないのではなく、企業側がしっかりと運用ガイドラインを作り、それを踏まえて活用することが重要だ」と断言する。

そして批判のもととなる「火種」を極力生まないためには、以下のような心がけが重要だという。「基本的に、会社で言えない内容はネットでも発信しないというスタンスで臨むことが重要。ネットなら何を言っても大丈夫だと思う人がいるが、それは違う。就業規則を守って、他者の批判や物議を醸しそうなことへの言及は避けたほうがいい」（徳力氏）。

そこまで気をつけても、誤解などにより非難が集中することはある。そこで重要なのは「できるだけ迅速に1回で対応を終わらせること」（佐藤弁護士）。「ちゃんと説明すればわかってもらえる」と繰り返しSNSなどで弁明するのは逆効果。被害を受けた人がいなくても、言い訳はできるだけせず、シンプルにコメントすることが第一だ。

（印南志帆）

「サイト側の対応改善を求む」

レイ法律事務所　代表弁護士・佐藤大和

ユーチューブ側に権利侵害の報告をするのは簡単ではない。

例えば動画での誹謗中傷を運営側に報告するには、何分何秒からの映像が誹謗中傷に該当するのかを特定し、文字起こしまでする必要がある。

苦労して報告をしても、運営側から反応があるのは概して2～4日後だ。メールは英語や自動翻訳のような日本語で書かれているうえ、希望がかなわないことも多い。ほかの外資系ＳＮＳと比較しても、人権保護に対する考え方が遅れているように感じる。

裁判はコスパが悪い

ユーチューブが削除に応じてくれなかった場合、裁判をして、誹謗中傷をした人の「発信者情報」をユーチューブに開示させ、それに基づいて当人に損害賠償請求をする手もある。だが積極的に勧めてはいない。合計3回の裁判が必要で、弁護士費用は50万〜100万円かかる。そこまでしても加害者を特定できなかったり、裁判に負けたりすれば、誹謗中傷で受けた精神的苦痛は倍になる。勝っても、被害者が著名人で仕事に多大な影響が出たなどの場合でない限り、賠償額は数十万円程度。費用対効果が低いため「裁判を起こすより旅行に行ってリフレッシュをしたほうがいい」と伝えることもある。

ユーチューブに限らず、ネット上の誹謗中傷問題の抜本的な解決には法律の改正が不可欠だ。これが実現しないうちは、現状のように被害者が泣き寝入りする状況が続くだろう。

（構成・印南志帆）

佐藤大和（さとう・やまと）
２００９年に立命館大学法科大学院卒業。同年に司法試験合格。法律事務所に勤務後、１４年に事務所を設立し現職。芸能人法務の第一人者。

【週刊東洋経済】

本書は、東洋経済新報社『週刊東洋経済』2020年11月14日号より抜粋、加筆修正のうえ制作しています。この記事が完全収録された底本をはじめ、雑誌バックナンバーは小社ホームページからもお求めいただけます。

小社では、『週刊東洋経済eビジネス新書』シリーズをはじめ、このほかにも多数の電子書籍ラインナップをそろえております。ぜひストアにて「東洋経済」で検索してみてください。

『週刊東洋経済eビジネス新書』シリーズ

No.334　日本史における天皇

No.335　EC覇権バトル

No.336　検証！　NHKの正体

No.337　強い理系大学

No.338　世界史&宗教のツボ

週刊東洋経済eビジネス新書　No.364
YouTubeの極意

【本誌（底本）】
編集局　長瀧菜摘、中川雅博、井上昌也、印南志帆
デザイン　杉山未記、佐藤優子
進行管理　下村　恵
発行日　2020年11月14日

【電子版】
編集制作　塚田由紀夫、長谷川　隆
デザイン　大村善久
制作協力　丸井工文社
発行日　2021年7月15日　Ver.1

発行所　〒103-8345
東京都中央区日本橋本石町1-2-1
東洋経済新報社
電話　東洋経済コールセンター
03（6386）1040
https://toyokeizai.net/
発行人　駒橋憲一

電子書籍化に際しては、仕様上の都合などにより適宜編集を加えています。登場人物に関する情報、価格、為替レートなどは、特に記載のない限り底本編集当時のものです。一部の漢字を簡易慣用字体やかなで表記している場合があります。本書は縦書きでレイアウトしています。ご覧になる機種により表示に差が生じることがあります。

※本刊行物は、電子書籍版に基づいてプリントオンデマンド版として作成されたものです。